Vera Wolle
ist ein Schaf

Oscars lustiges Schafbuch

Oscar der Ballonfahrer

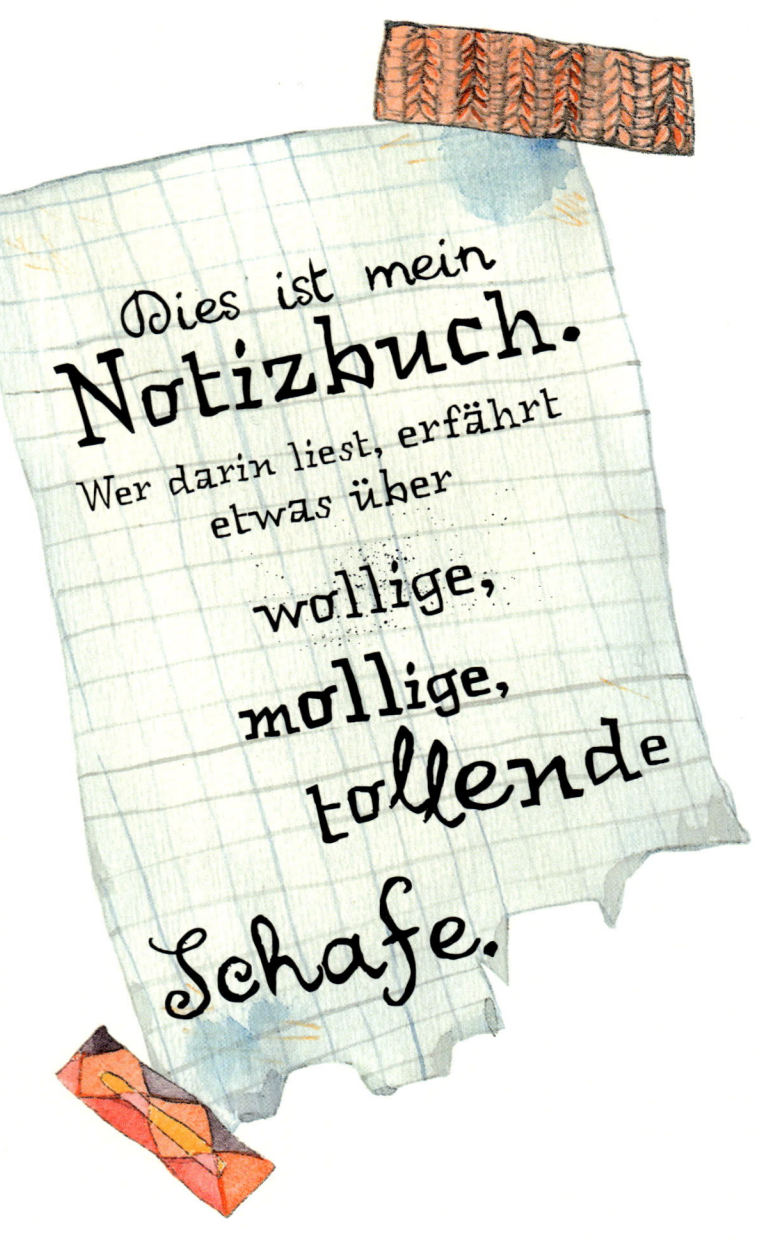

Dies ist mein
Notizbuch.
Wer darin liest, erfährt
etwas über

wollige,

mollige,

tollende

Schafe.

Oscar

Balthasar Pumpernickel

Das bin **ich, Oscar** der **Ballonfahrer.** Ich reise **gern** in der Welt herum.

Und das ist Balthasar Pumpernickel, **mein bester Freund.**

Balthasar ist Tierforscher. Leider hat er Angst vor Tieren. Er bleibt lieber zu Hause in der Stadt. Also besuche ich für ihn die Tiere in der freien Natur. Was ich dabei erlebe, schreibe ich auf.

Juhuu!

Ich habe ein Päckchen bekommen. Balthasar hat mir einen Pullover geschickt. Aber was schreibt er für einen

Quatsch...

Seite **1**

Lieber Oscar,

heute schicke ich dir ein Schaf! Ich fand es in einem Bekleidungsgeschäft. Ich habe mir auch so ein Schaf gekauft. Schön warm! Die Verkäuferin erzählte, dass Schafe auf Wiesen herumlaufen. Also so was, wie soll das denn aussehen ...

So vielleicht?

Seite **2**

Ich freue mich, bald von dir zu hören. Bis dahin viele Grüße –

dein Balthasar.

Lieber Balthasar!

Herzlichen Dank für dein Päckchen. Was du geschickt hast, ist **kein Schaf**, sondern **ein Pullover!** Er ist aus **der Wolle** eines Schafes gemacht. Ich melde mich, wenn ich ein echtes Schaf gefunden habe. Mach's gut und viele Grüße **von Oscar.**

Lieber Balthasar,

wir haben Glück!
Ich habe heute
Vera Wolle kennen
gelernt. Vera Wolle ist
ein echtes Schaf. Ich
melde mich bald
wieder – dein **Oscar.**

An Balthasar

(Tierforscher)

in der Stadt

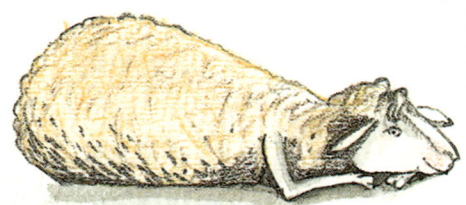

Schwanz

Montagnachmittag

Vera Wolle ist ein sehr
freundliches Schaf. Sie hat ein
langes, lockiges Fell.
Ihre lustige **Nase** geht in die
Oberlippe über. Es sieht aus,
als würde Vera immerzu lächeln.

Vera hat witzige, abstehende **Ohren.**

Fell

Nase

Oberlippe

Veras Füße sehen lustig aus. Es sind **Hufe.** Vera läuft immer auf Zehenspitzen. Sie gehört zu den **Paarzehern,** weil sie nur auf zwei **Klauen** geht. Um die Klauen herum ist eine schützende **Hornschicht.**

Das sind die **Hufe!!**

Dienstagvormittag

Vera Wolle lebt in einer großen Wohngemeinschaft.
Man nennt so was **Herde**. Zu einer Herde
gehören viele **Schafe** (so heißen die <u>Frauen</u>)
und einige **Böcke** (so nennt man die <u>Männer</u>).
Ein paar kleine Schafe sind auch dabei. Das sind
die **Lämmer**, die **Kinder** der Schafe.

„Määäääääh!"

„Bäääääää!"

„Määääääh!"

„Bäää!"

„Bäääh!"

„Määäääh!"

Wenn die Lämmer ihre

Mütter rufen, hört sich das an wie:

„Määäääää**ää**äh!"

„Bäääääääääh!"

„Sie blöken", sagt Vera,

„genau wie die Großen."

Manchmal ist es hier ziemlich **laut**!

9

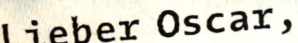

Lieber Oscar,
heute schreibe ich dir, was meine Schwester über Schafe weiß. Bestimmt ist das sehr nützlich für dich. Herzliche Grüße dein Balthasar

1. **Bockspringen** ist eine Schafssportart. Dabei springt ein Schaf über das andere hinweg.

ERGEBNIS 1:
Deine Schwester hat wirklich keine Ahnung! **Bockspringen** nennt man ein Kinderspiel, bei dem ein Kind über den Rücken eines anderen springt.

ERGEBNIS 2:
Böcke **kämpfen** manchmal miteinander um ihre Kräfte zu messen. Dann stoßen sie sich mit den Hörnern. Das hat aber **überhaupt nichts** mit ihrer Laune zu tun.

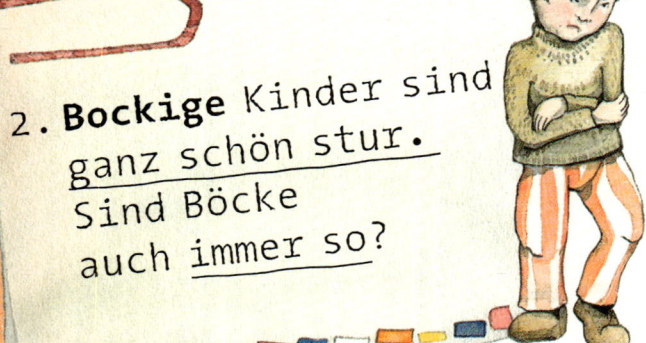

2. **Bockige** Kinder sind ganz schön stur. Sind Böcke auch immer so?

3. Kleine Schafe sind mit
den Hasen verwandt.
Deshalb nennt man sie
Osterlämmer.
Frage: Verstecken sie
auch Eier?

ERGEBNIS **3:**
Schafe und **Hasen** sind
**nicht miteinander
verwandt.** Und
Osterlämmer haben
nichts mit Ostern zu tun. Sie
heißen wohl so, weil viele im
Frühling, zur **Osterzeit,**
geboren werden.

Vera Wolle

hat 2 Kinder:

ein kleines **Schaf** (ein Mädchen) und einen kleinen **Bock** (also einen Jungen). Beide sind erst fünf Tage alt. Sofort nach der Geburt konnten sie laufen. Veras Kinder **springen** manchmal mit allen **vier Beinen gleichzeitig** in die Luft – ohne auf die Nase zu fallen.

Lämmchen **trinken Milch** bei ihren Müttern. Schafe haben ein **Euter** mit **zwei Zitzen** – Vera sagt: „Das reicht!" Denn meistens bekommen Schafe nur ein Kind. Und nie mehr als zwei so wie Vera.

Fünf Monate lang wachsen die Lämmer im Bauch des Mutterschafes heran.

Vom Herbst bis zum Frühjahr.

Der Bock kümmert sich nicht um seine Kinder. Er sollte auf die ganze Herde Acht geben. Aber das macht er meistens auch nicht. Ganz schön faul, was?

Lieber Oscar!

Vielen Dank für deine Antworten. Aber noch eine wichtige Sache: **Ich sah gestern Schafe am Himmel.**

Können Schafe fliegen???

Viele Grüße
Balthasar

An Oscar

Ballonfahrer

Lieber Balthasar,

Schafe können nicht fliegen:

Was du gesehen hast, waren bestimmt Schäfchenwolken. Das sind ganz normale Wolken, die so kuschelig wie Schafe aussehen. Bis bald! Alles Gute, dein Oscar

Heute habe ich mich mal auf der **Koppel** umgesehen. Das ist die WEIDE mit einem Zaun, dem **Gatter**, drum herum. Auf den meisten Koppeln stehen <u>Bäume und Büsche</u> und manchmal ein **Unterstand** aus Holz. Ich war ganz verblüfft – **wo wohnt denn Vera?**

Antwort von Vera: „Na hier auf der **Wiese.** Wenn es uns zu heiß wird, gehen wir einfach in den <u>Schatten.</u> Oder in den **Unterstand.** Der schützt auch vor <u>Regen und Wind.</u> Außerdem ist unser FELL **so dicht und so fettig,** dass die Nässe gar nicht bis zur Haut vordringen kann.

Ist das **Gras** auf einer
Koppel **abgefressen**,
kommen wir auf eine andere.
Wir kehren zurück, wenn das
Gras wieder nachgewachsen ist.
Deshalb gibt es so viele Weiden."
Super-Idee!

In einigen Zäunen ist
unten ein **LOCH** extra
für die Lämmer!
Da können sie schon die besten
Bissen vom Gras probieren.

15

Lieber Oscar,
ich habe im Laden Schafskäse entdeckt.

Extra Käse für Schafe!
Dolle Sache!

Aber Oscar, verrate mir eins:
Wann gehen Schafe einkaufen?
Schreib' mir bald!
dein Balthasar

So sieht das
Euter
eines Schafes aus!

An Balthasar
Pumpernickel
(Tierforscher)

in der Stadt

Lieber Balthasar!
Schafe gehen nicht einkaufen
und sie essen auch keinen Käse.
Der Käse heißt
Schafskäse,
weil er aus
Schafsmilch
gemacht ist.
Dies schrieb dein Oscar.

Ich liege im Gras neben Vera Wolle
und staune, wie sie kaut und **kaut**
und **kaut** und **kaut** und **KAUT**.
Sie isst nicht etwa Kaugummi,
sondern sie kaut wieder!

Veras Mägen!

1

2   3

4

So sehen Veras **Köttel** aus.

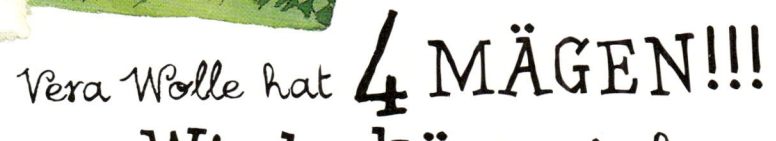

Vera Wolle hat **4 MÄGEN!!!**
Alle **Wiederkäuer** haben so viele.
Deshalb können sie Gras fressen.

Wenn Vera Gras abrupft, schluckt sie es gleich 'runter. Es landet in dem <u>ersten Magen</u> (1). Hier wird das Gras **vorverdaut**. Danach würgt sie es in kleinen Portionen zurück ins Maul und kaut unglaublich lange darauf herum. Dann **schluckt sie es wieder herunter** und es kommt in den <u>zweiten Magen</u> (2). Da wird der BREI noch einmal zersetzt und wandert dann weiter in den <u>dritten und vierten</u> (3),(4). Unterwegs werden alle **nahrhaften Stoffe aus dem Gras gelöst.** Am Ende scheidet Vera aus, was ihr Körper nicht gebrauchen kann.

Es ist ganz schön schwierig Gras abzubeißen. Vera schafft das, weil sie oben im Maul <u>eine **Gaumenplatte**</u> hat. Damit kann sie das Gras festhalten und abreißen.

Veras Gaumenplatte

Sonntagmorgen

Es gibt Schafe, die **viel unterwegs** sind.
X   X   X   X   X   X   X

Ein Schäfer kümmert sich um die Herde. Er achtet darauf, dass alle Tiere gesund sind und alles haben, was sie brauchen.

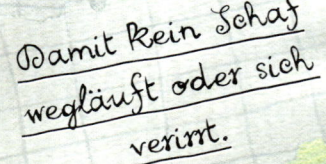

Schäfer-hunde helfen dem Schäfer die große Herde zusammenzuhalten.

Damit kein Schaf wegläuft oder sich verirrt.

Mit der Herde geht der Schäfer auf **Wander-schaft**. Er führt sie zu Plätzen, an denen besonders **feine Kräuter** wachsen.
Vera würde auch gerne mal so einen Ausflug machen.

Wenn Schafe Lämmer bekommen, hilft er bei der Geburt. Und wenn die Lämmer bei den Müttern keine Milch mehr trinken müssen, **melkt er die Schafe.** Die Milch ist sehr kräftig und gesund.

Zweimal im Jahr schneidet der Schäfer den Schafen sogar **die Klauen,** wenn sie zu lang werden und sich nicht von allein abschleifen. So bleiben die Hufe in Ordnung.

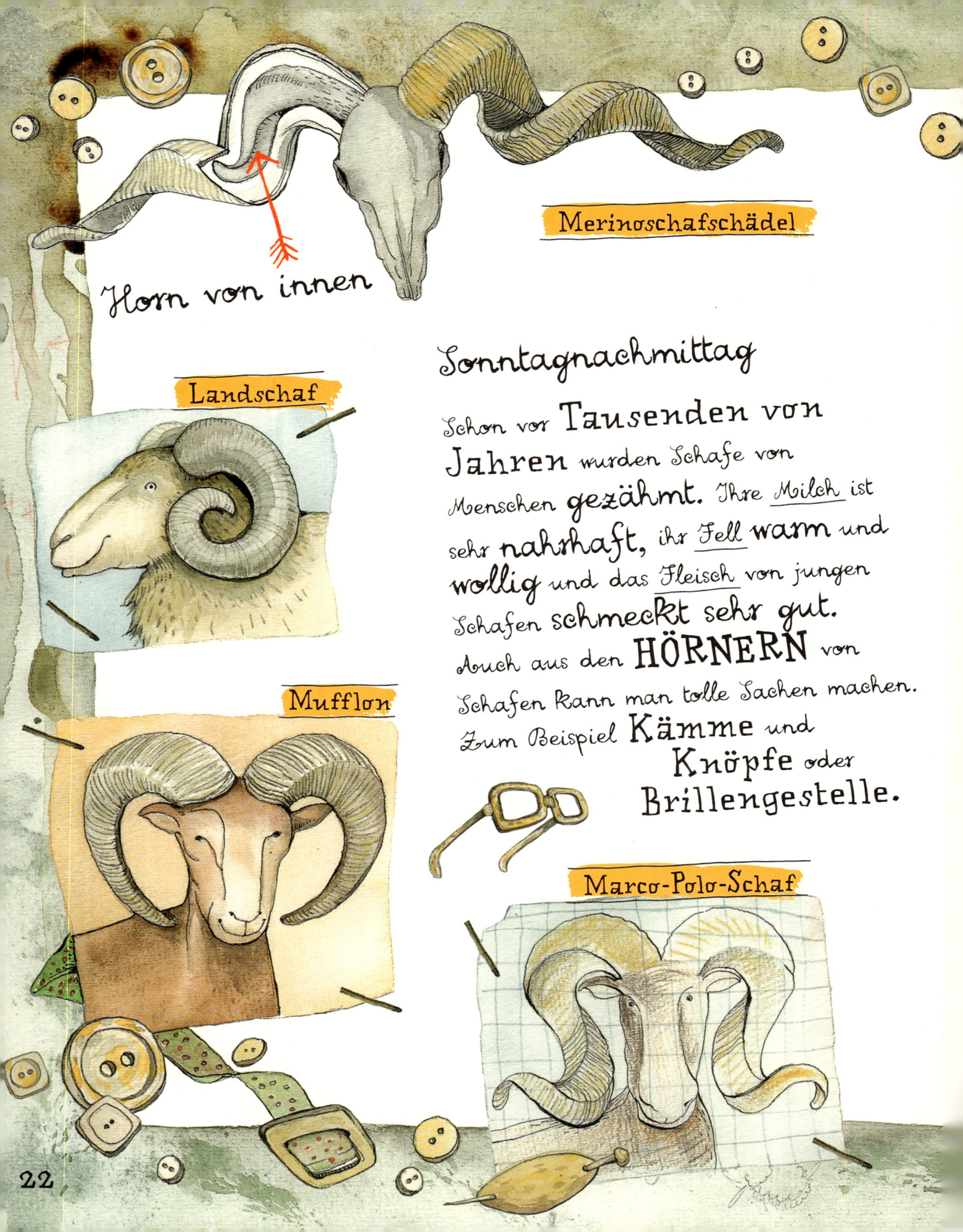

Horn von innen

Merinoschafschädel

Landschaf

Mufflon

Marco-Polo-Schaf

Sonntagnachmittag

Schon vor **Tausenden von Jahren** wurden Schafe von Menschen **gezähmt**. Ihre Milch ist sehr **nahrhaft**, ihr Fell **warm** und **wollig** und das Fleisch von jungen Schafen **schmeckt sehr gut**. Auch aus den **HÖRNERN** von Schafen kann man tolle Sachen machen. Zum Beispiel **Kämme** und **Knöpfe** oder **Brillengestelle.**

Posthorn

Heidschnucke

Ein **HORN** besteht aus Knochen (der heißt Hornzapfen) und einer festen Schutzschicht drum herum. Die Widder haben besonders tolle Hörner. Wenn sie miteinander **kämpfen**, wer der **Anführer** sein darf, stoßen sie sich kräftig damit. Es gibt die unterschiedlichsten **HÖRNER**.

Karakulbock

Arkal-Steppenschaf

Zackelschafbock

23

Lieber Oscar!
Meine Schwester sagt,
**Schafe gibt es in vielen
Farben.** Darum sind die
Pullover auch bunt.
**Aber wie kommt die Wolle
vom Schaf in den Pullover?**
dein Balthasar

Schafschere

Lieber Balthasar,
das mit der Wolle geht so:
Ein Schafscherer schneidet
den Schafen am Anfang des
Sommers die Haare ab.
Die abgeschnittenen Haare
sind die WOLLE.

Vera beruhigte mich, dass
das Scheren überhaupt nicht weh tut.

DIESE Wolle wird
gewaschen, weil sie
so **fettig** ist.

Dann spinnt man
aus der Wolle einen
langen **Faden.**
Dabei wird dieser Faden
auf eine Spule gedreht.

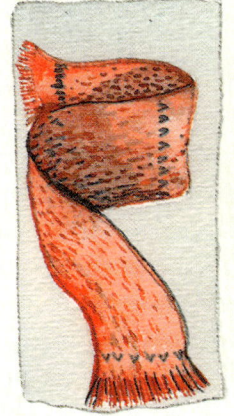

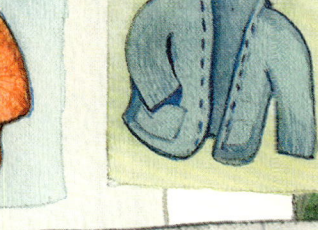

Von der Spule kann
ein Strang abgewickelt
werden. Und aus diesem
Strang macht man dann
ein **Knäuel.**
Mit der Wolle kannst
du **stricken,**
häkeln oder
weben.

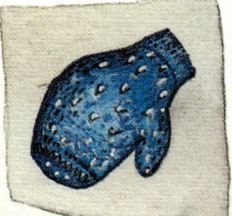

UND:

Es gibt weder rote noch
blaue Schafe. Für
bunte Pullover
wurde die Wolle
gefärbt.

Lieber Oscar,

meine Schwester war von Veras Frisur ganz begeistert. Sie hätte auch gern so tolle Locken. Sie lässt dich grüßen.

dein Balthasar

An Oscar

den

Ballonfahrer

Montagmittag

Schafe sind nicht nur nützlich wegen ihrer Wolle. Sie sind auch erstklassige Rasenmäher. Weil sie das Gras so fein abfressen. Wenn sie in größeren Landschaftsgebieten grasen, gedeihen die Pflanzen, die sich sonst gar nicht entfalten könnten.

Ohne es zu wissen, sorgen Schafe sogar für Sicherheit. Sie mähen das Gras so kurz, dass es nicht brennen kann.

Wenn sie **auf einem Deich weiden,** wächst dort **das Gras schön dicht** nach. Außerdem trampeln die vielen Schafe den Boden fest. Und je fester der Boden, desto **sicherer** der Deich. Weil sie gern junge Pflanzensprossen abrupfen, wuchert der Deich außerdem nicht zu und die Menschen finden schadhafte Stellen leichter.

Ist das nicht toll?

Lieber Oscar!

Meine Schwester war beim Frisör.
Sieht sie Vera nicht unglaublich
ähnlich? Wir wünschen beide einen
guten Heimflug. Vielen Dank für
alles und bis demnächst.

dein Freund Balthasar

Meine Schwester mit Schafsfrisur

Lieber Balthasar!

Ich fliege jetzt los.
Von Vera und ihren
Kindern muss ich mich
noch verabschieden.
**Deine Schwester
sieht echt Schaf aus!**
Lass bald wieder von dir
hören! dein Oscar

An Balthasar
den Tierforscher

Die Deutsche Bibliothek - CIP-Einheitsaufnahme

Vera Wolle ist ein Schaf : Oscars lustiges Schafbuch /
Rotraut Greune ; Heike Burghardt. -
Berlin : Tivola Verl., 2000 (SachBuchGeschichten)
ISBN 3-931372-84-7

Auflage
5.–10. Tausend

Printed in Germany
Layout: Sabina Riedinger
Bildbearbeitung: Katja Hanke
Druck: Himmer, Augsburg
Bindung: Conzella, Aschheim

Mehr Abenteuer von Oscar gibt es auf CD-ROM!

Die leicht zu bedienenden NaturLernSpiele sind mehrsprachig, witzig, intelligent, abwechslungsreich und sensibilisieren die Wahrnehmung. Alle Oscar-Titel sind zweisprachig, in Deutsch und Englisch, wobei jederzeit die Sprache gewechselt werden kann. Für alle von 4 bis 10 Jahren.

Erhältlich im Buch- und Computerfachhandel sowie in Kauf- und Warenhäusern

Oscar der Ballonfahrer entdeckt den Bauernhof

Kauen Kühe Kaugummi? Fliegen Schweine im Winter in den Süden? Bereitwillig berichten hier Kühe, Schafe, Schweine, Hühner und Störche, wie sie die vier Jahreszeiten erleben.
ISBN: 3-931372-15-4

Oscar der Ballonfahrer taucht unter

Wann schlafen Fische? Bekommen Enten im Winter kalte Füße? Haben Frösche Ohren?
ISBN: 3-931372-41-3

Oscar der Ballonfahrer und die Geheimnisse des Waldes

Frieren Ameisen im Winter? Warum werden die Dachse im Herbst immer dicker? Hier kommt Oscar in den vier Jahreszeiten den Tieren des Waldes auf die Spur.
ISBN: 3-931372-13-8

Oscar der Ballonfahrer und die Abenteuer der Wiese

Wie klug sind Eulen wirklich? Bemalen Hasen Eier? Sind Maulwürfe tatsächlich blind? Diesen und vielen anderen Fragen geht Oscar vor Ort nach.
ISBN: 3-931372-59-6

Alle Oscar-Titel sind eine Koproduktion mit dem aid, Auswertungs- und Informationsdienst für Ernährung, Landwirtschaft und Forsten e.V.

Weitere Bücher von Tivola:

Gerda Grunz ist eine Sau   ab 4 Jahre
Ein Sachbuch über Schweine
Sind Schweineohren aus Blätterteig? Haben Schweine vorne eine Steckdose? Und was, bitte, soll eigentlich ein Schweinehund sein? Die Fachfrau und -sau Gerda Grunz weiß auf alles eine Antwort.
ISBN: 3-931372-08-1

Bruno Bello ist ein Hund   ab 4 Jahre
Ein Sachbuch über Hunde
Warum ziehen Hunde Menschen an Leinen hinter sich her? Wo wachsen Stammbäume und wie sehen die aus? Mischlingshund Bruno gibt gerne Antwort!
ISBN: 3-931372-58-8

Max rettet die Gespenster   ab 3 Jahre
Diese witzige und liebevoll illustrierte Geschichte zeigt richtige und falsche Gespenster, typisches Gespensterverhalten und den wirkungsvollen Einsatz von Höllentröten.
ISBN: 3-931372-06-5

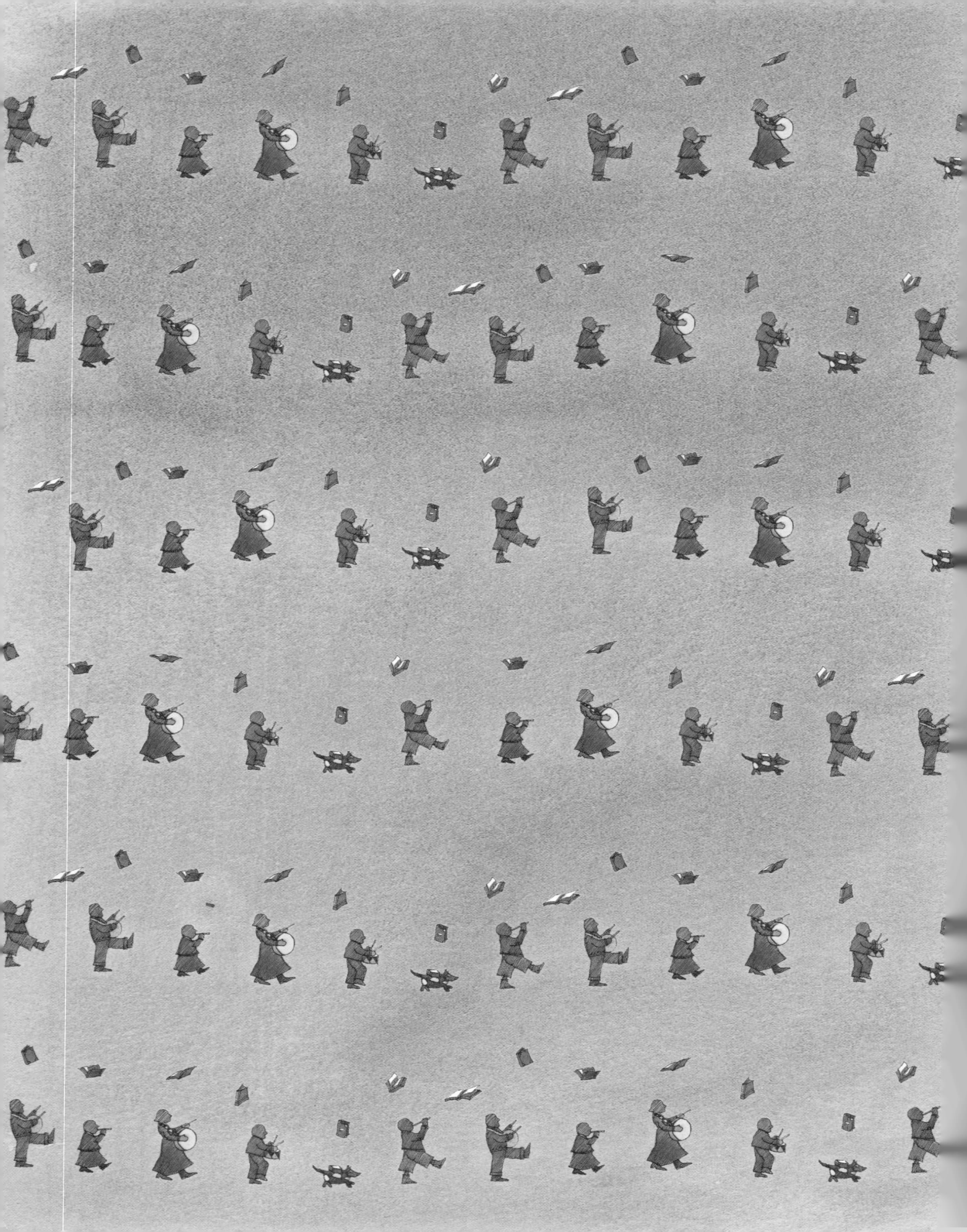